Edmundo de Lima Calvo

Sete passos
para a cura da alma

Dados Internacionais de Catalogação na Publicação (CIP)
(Câmara Brasileira do Livro, SP, Brasil)

Calvo, Edmundo de Lima
  Sete passos para a cura da alma / Edmundo de Lima Calvo. –
São Paulo : Paulinas, 2014.

  ISBN 978-85-356-3723-6

  1. Conduta de vida   2. Espiritualidade   3. Perdão - Aspectos religiosos - Cristianismo   I. Título.   II. Série.

14-01475   CDD-248.4

Índice para catálogo sistemático:
1. Cura interior : Conduta de vida : Prática cristã   248.4

1ª edição – 2014
6ª reimpressão – 2023

Direção-geral: Bernadete Boff
Editores responsáveis: Vera Ivanise Bombonatto
e Antonio Francisco Lelo
Copidesque: Ana Cecilia Mari
Coordenação de revisão: Marina Mendonça
Gerente de produção: Felício Calegaro Neto
Projeto gráfico: Manuel Rebelato Miramontes
Diagramação: Jéssica Diniz Souza

Nenhuma parte desta obra poderá ser reproduzida ou transmitida por qualquer forma e/ou quaisquer meios (eletrônico ou mecânico, incluindo fotocópia e gravação) ou arquivada em qualquer sistema ou banco de dados sem permissão escrita da Editora. Direitos reservados.

Cadastre-se e receba nossas informações
www.paulinas.com.br
Telemarketing e SAC: 0800-7010081

Paulinas
Rua Dona Inácia Uchoa, 62
04110-020 – São Paulo – SP (Brasil)
📞 (11) 2125-3500
✉ editora@paulinas.com.br
© Pia Sociedade Filhas de São Paulo – São Paulo, 2014

A Dom Fernando Mason,
Francisco de Assis Pereira e Raimunda,
pessoas com as quais compartilho minha vida e meus sentimentos.

Sumário

Apresentação 7
Introdução 9
1º Passo – Perdoar – Sl 51(50),3-19 13
2º Passo – Ser humilde – Lc 7,36-50 19
3º Passo – Acolher – Lc 10,25-37 25
4º Passo – Amar – 1Cor 13 31
5º Passo – Orar – Mt 6,5-13 41
6º Passo – Participar da comunidade – At 2,42-47 51
7º Passo – Sair em missão – Mc 2,13-17 59

Conclusão: a cura 69

Apresentação

Vindo do Pará para terras paulistanas, quis o destino que nossos caminhos se cruzassem e que em nossos encontros tivéssemos grandes momentos, onde foi se delineando um respeito mútuo, calcado na simplicidade e na admiração.

Por onde o Padre Edmundo passou, e foram tantos os lugares, ele conseguiu reunir amigos para sua causa e soube despertar neles o amor ao próximo e a gratidão.

Sempre teve coragem de ser franco e direto e nunca fugiu da luta em defesa de seus ideais.

Este livro do Padre Edmundo é portador, de forma singela, de uma mensagem de fé e amor ao próximo, e nos sete passos ele alinhava uma conduta de moral cristã que tenho certeza que atrairá muitos seguidores.

Ficam aqui meus cumprimentos por esta realização e que outras surjam em consequência do seu apostolado.

Antonio Luchesi Filho
Médico neurocirurgião, neurologista e psicanalista

Introdução

A caminhada do ser humano é desafiante. É gratificante caminhar nesta estrada em busca de Jesus Cristo. A palavra cura remete a uma pessoa que busca se restabelecer de alguma enfermidade. A cura está diretamente ligada às emoções. E o que significa o número sete? Plenitude ou totalidade. Portanto, são sete atitudes em busca da plenitude de vida em Jesus Cristo.

A cura da alma acontece por meio de gestos simples, tais como o cuidado ou a atenção que se tem para com uma pessoa, um olhar, um aperto de mão, um abraço, um bom dia ou um sorriso. Os passos são dados num período de purificação da alma, como resultantes de uma caminhada de fé; não são atos mágicos, mas um desafio diário.

Jamais iria escrever um livro sobre a cura da alma se guardasse dentro de mim ódio ou rancor. O nosso desejo é a vida curada, pois o ser humano vive neste mundo para amar e ser amado. O que me leva a escrever é saber que posso contribuir para que milhares de pessoas se libertem de suas mágoas e comecem uma nova vida. Um eu livre saberá olhar para o outro e sorrir espontaneamente.

No primeiro passo, a pessoa aprende com o salmista o que é o perdão, pois o primeiro encontro deve ser consigo mesmo. O perdão torna a pessoa livre. A aceitação de nossas debilidades é um passo decisivo para sermos curados de nossas feridas.

No segundo passo, o participante fica ao lado do evangelista Lucas, um homem culto, médico, e com ele reflete sobre o que é ser humilde. A pessoa humilde sabe acolher.

No terceiro passo, ainda ao lado de Lucas, cultiva dentro de si a acolhida do outro como ato de amor. Curados, seremos amáveis. Amando, seremos acolhidos e acolhedores.

No quarto passo, Paulo, inicialmente um fariseu perseguidor dos primeiros cristãos, escreveu com sua própria mão o hino em homenagem ao amor. Este passo poderá ser escrito, mas nunca definido. O amor é Deus e ele nos ama incondicionalmente, este é o ponto central de todos os passos.

No quinto passo faz-se uma pequena pausa para orar. A oração é o meio de voltarmos para nós mesmos e vivermos em íntima união com Deus.

O sexto passo convida a pessoa a sair do isolamento e a viver em comunidade, como consequência de sua ligação com Deus.

O sétimo convoca todos para a grande missão de anunciar a mensagem de Jesus Cristo. Tendo aceitado Jesus como um projeto de vida, o batizado não terá dificuldade de estender a mão para aquele que ainda não o descobriu. Vamos abrir nossa boca para lutar pela dignidade daqueles que são discriminados pela sociedade e convidá-los a participar da comunidade de fé.

Os passos partiram de uma comunidade de fé que ama o livro do amor, a Bíblia. Por isso, os encontros se fundamentam em um texto bíblico comentado pausadamente, pois a Palavra de Deus é a fonte de toda cura. Os textos bíblicos não são baseados em teorias. Foram surgindo com participantes de várias classes sociais, numa experiência gratificante que fez as pessoas se sentirem leves após cada encontro.

Os sete passos poderão ser realizados em sete semanas ou em um curso de uma manhã, tarde ou noite. Tudo depende da disponibilidade dos participantes. Nunca se esqueça de revisar os passos anteriores.

Hoje em dia, as pessoas estão desejosas de curar sua alma. Não fique de fora dessa oportunidade. Desejar ser curado é bom. Algo tão bom não se pode deixar para amanhã. A cura da alma poderá ser iniciada hoje.

Então, tenha um bom passeio dentro de sua alma!

1º Passo

Perdoar
Sl 51(50),3-19

> Cada encontro tem um símbolo. No primeiro passo, as pessoas podem se ajoelhar diante da cruz.

O primeiro encontro que devemos ter é com nós mesmos. A melhor atitude cabível a uma pessoa é voltar-se para Deus, aceitar-se e, corajosamente, aprender a perdoar para começar uma nova vida. O perdão nos torna livres. O que seria do ser humano se não soubesse perdoar? Ele seria tudo, menos um ser livre. A liberdade não se conquista com um coração cheio de rancor. Um coração rancoroso mata e se mata.

Os nossos pensamentos nos condenam? Não há ninguém tão justo como nosso Deus. Ele quer que sejamos justos para poder anunciar seu plano de amor. Purifique seu cérebro. Respire profundamente e solte o ar devagar e diga: "És justo quando falas, reto no teu julgamento. Eis que na culpa fui gerado, no pecado minha mãe me concebeu" (vv. 6-7). Como é bom ser amado por Deus.

> Leve a mão ao peito e sinta o amor de Deus penetrar em seu interior. No seu coração está o cofre da liberdade. A pessoa livre sabe se amar e é sinal de libertação para o outro. Diga: "Sou uma pessoa livre". Sorria. Abrace a si próprio e saiba abraçar o outro que está a seu lado.

A libertação nos leva para o caminho do amor. O amor nasce de um gesto sincero para consigo mesmo. Não podemos ser pessoas livres, se não formos sinceros. A sinceridade nos salva, nos cura e resgata a nossa dignidade. O salmista afirma: "Mas tu queres a sinceridade do coração e no íntimo me ensinas a sabedoria. Purifica-me com o hissopo e ficarei puro; lava-me e ficarei mais branco que a neve" (vv. 8-9).

A culpa é uma doença que destrói a vida da maioria das pessoas. O perdão nos livra dos sentimentos de culpa e nos coloca nos braços de Deus. *O que nos adoece é guardarmos dentro de nós o sentimento de culpa e não sabermos nos perdoar.* O Senhor Deus perdoa quem sabe ser compassivo consigo mesmo. Diante de nossa finitude, devemos libertar-nos do sentimento de culpa.

Não tenha medo de gritar: "No teu grande amor cancela o meu pecado. Lava-me de toda a minha culpa, e purifica-me de meu pecado. Reconheço a minha iniquidade e meu pecado está sempre diante de mim. Contra ti, só contra ti eu pequei, eu fiz o que é mal a teus olhos" (vv. 3b-6a). Conforta-nos saber que podemos ser livres de todas as culpas por que nosso Pai nos ama infinitamente.

O mundo está cheio de pessoas que gostam de exibir suas roupas, mas que são incapazes de olhar para dentro de si e ver o que lhes está matando. Vivem na ilusão da eterna felicidade. Como a eterna felicidade não existe, a única maneira de sermos felizes é nos livrarmos da culpa do pecado. Seremos eternas crianças, se não conseguirmos nos libertar do nosso egoísmo. Não tenha medo. "Afasta o olhar dos meus pecados, cancela todas as minhas culpas" (v. 11). Se conseguirmos apagar a culpa, voaremos. Voar é saber viver na serenidade da vida.

O coração pode não ser o centro da vida, mas é o músculo que bombeia o sangue para todo o corpo. O sangue contaminado facilmente contamina a outra pessoa. Uma pessoa de coração limpo consegue limpar o coração do outro. Seremos incapazes de levar uma palavra de conforto, se nosso sangue estiver contaminado com rancor, ódio, ganância, inveja, vingança... O nosso coração deve estar limpo para aceitar-nos. Aceitando-nos, iremos aceitar o outro. "Cria em mim, ó Deus, um coração puro, renova em mim um espírito resoluto. Não me rejeites da tua presença e não me prives do teu santo espírito. Devolve-me a alegria de ser salvo, que me sustente um ânimo generoso. Quero ensinar teus caminhos aos que erram e a ti voltarão os pecadores" (vv. 12-15).

O primeiro pecador a voltar para junto de Deus deve ser eu. O perdão é uma bênção que nos introduz na comunidade dos escolhidos de Deus. A libertação acontece por meio dessa bênção. No meu coração deve jorrar o perdão para, com certeza, eu poder abençoar o meu próximo. Quem sabe perdoar é capaz de conquistar o outro, de trazê-lo para junto de si.

Olhe para quem estiver longe, para quem está do seu lado, e abençoe. Por meio do seu coração, o amor de Deus encherá de graça o do seu irmão.

A nossa língua geralmente fala daquilo que nosso cérebro está cheio. A nossa cabeça é o centro da vida, nela está a infelicidade e a felicidade. Cheios de amargura não faremos nenhum gesto de bondade. O nosso Deus quer que sejamos seres humanos com os lábios livres da saliva da maldade. "Senhor, abre meus lábios e minha boca proclame o teu louvor. Pois não te agrada o sacrifício e, se ofereço holocaustos, não os aceitas. Sacrifício para Deus é um espírito contrito; não desprezas, ó Deus, um coração contrito e humilhado" (vv. 17-19). A alegria não brota de um sorriso cansado. Há sorriso cansado? É uma expresão estranha. O sorriso cansado é aquele que sai de um rosto desfigurado, sem ânimo. Para ser verdadeiro, o sorriso deve nascer de um corpo leve. Isso é possível num mundo como o nosso? Tudo é possível quando nós nos perdoamos. A nossa língua foi treinada a falar coisas que não nos fazem bem, então, não seria melhor gritarmos assim: "Faze-me ouvir alegria e júbilo, exultem os ossos que tu quebraste" (v. 10)? Somos esmagados diariamente pela ilusão do consumismo. Somos iludidos a vivermos na eterna felicidade. *Não existe outra receita para uma pessoa ser feliz a não ser ouvir a voz de Deus e se converter de coração.* Somos um corpo que precisa ser preenchido pela misericórdia de Deus.

Comece a perdoar, assim como uma criança, carregada pelas mãos dos pais. Todo mundo olha com admiração para a criança que dá o primeiro passo. Ele é difícil, mas é o mais belo. O nosso Deus sorri quando vê que um filho seu está feliz, livre, solto, alegre e em paz consigo mesmo.

O Salmo 51(50),3-19 serviu de base para a reflexão acima. Sinta-se livre para ler esta passagem da Bíblia. O importante é que você consiga se sentir feliz.

2º Passo

Ser humilde
Lc 7,36-50

> Durante a oração, como gesto de grande humildade,
> as pessoas podem ser convidadas
> a beijar o pé uma das outras.

Somos feitos de barro frágil. O Criador nos moldou da terra fértil, como plantas adubadas pelo Deus da bondade. Uma planta saudável contagia a outra, por isso contagie o coração das pessoas com o húmus da misericórdia.

A palavra humildade vem de "húmus". Creio que, para ser livre, uma pessoa precisa ser humilde. A humildade é libertadora. Não há uma receita pronta para a pessoa alcançar a liberdade interior.

Após um encontro paroquial de jovens, um deles me disse: "Padre! Padre! Ouça!". (O segredo de escutar está em ficar em silêncio.) O belo do jovem estava em sua empolgação. Fixei nele o olhar e ele continuou: "Durante o encontro perdi meu celular e um amigo me disse que seria difícil encontrá-lo, mas que anunciasse a sua perda. Chegando ao palco, antes que eu começasse a falar, uma jovem me olhou e disse: 'Você perdeu seu celular? Alguém o achou. Ele está aqui, pegue-o'. Chorei na frente de todo mundo. Não por causa do celular, mas por causa da acolhida humilde de todos para comigo. Eles me abraçaram. Foi emocionante, me senti amado. Depois disso, fui à capela e agradeci a Deus por estar no meio de pessoas honestas e de fé". Chorar é libertação. Os humildes choram e imploram, porque sabem que Deus os ama.

O cristão busca a verdade em Jesus Cristo. Há aqueles que professam outros credos e buscam outras verdades. Ninguém é dono da verdade. No Evangelho, Jesus fala sempre da classe dos fariseus. A palavra fariseu significa "aquele que é separado". Os fariseus não suportam os pecadores. Eles são peritos em olhar e julgar os defeitos dos outros. Não são humildes, pois se acham os donos da verdade, se julgam santos e não aceitam a imperfeição dos outros. Gostam dos primeiros lugares, vestem-se bem e tudo o que fazem tem como intuito se destacarem. Existem pessoas hoje em nosso meio que agem dessa forma?

Jesus e a pecadora

Quando somos convidados para um jantar, a dona ou o dono da casa quer que nos sintamos à vontade e, para isso, procura nos agradar, com um ambiente charmoso.

Eis o que Jesus narra a respeito da mulher pecadora: "Um fariseu convidou Jesus para jantar. Ele entrou na casa do fariseu e sentou-se à mesa. Havia na cidade uma mulher que era pecadora. Quando soube que Jesus estava à mesa na casa do fariseu, trouxe um frasco de alabastro, cheio de perfume, postou-se atrás, aos pés de Jesus e, chorando, lavou-os com suas lágrimas. Em seguida, enxugou-os com os seus cabelos, beijou-os e os ungiu com o perfume" (Lc 7,36-38). Na visão de um fariseu, uma prostituta era considerada uma pessoa descartável, sem valor. No entanto, ela não só entrou na casa sem ser convidada, como também fez aquilo que o dono não fizera pelo seu convidado.

> Tenho medo do fariseu que habita dentro de mim. Existem momentos do dia em que somos fariseus, e, outros, em que somos pecadores.
> Sabendo desta dualidade, corro e peço socorro ao bombeiro, Jesus. Na hora em que me deito em sua maca, sinto-me aliviado por ter sido socorrido pelo mestre da humildade.
> O caminho para a cura do fariseu que reside em nossa mente é humilhar-se diante da cruz. Ajoelhe-se e beije a cruz. Coloque a cabeça na terra e sinta o húmus penetrar em suas narinas.

O seu próximo está se prostituindo numa esquina? O que você faria com uma moça nessa situação, se ela quisesse comer na sua casa? Como a olharia?

"Ao ver isso, o fariseu que o tinha convidado comentou: 'Se este homem fosse profeta, saberia quem é a mulher que está tocando nele: é uma pecadora!'" (Lc 7,39). Uma pessoa "perfeita", como o fariseu pensa ser, não é apenas humana, mas divina. No entanto, Jesus, perfeitamente homem e perfeitamente Deus, foi ao encontro da mulher que sofria.

Aceitar o outro com cordialidade é aceitar a si mesmo. Não existe humildade, se a pessoa não aceita o outro de coração.

Jesus não suporta pessoas moralistas e falsas. E ele não manda recado por telefone, não chantageia, nem manda e-mails, julgando o outro, mas é objetivo e direto: "Simão, tenho uma coisa para te dizer. Ele respondeu: 'Fala, Mestre'" (Lc 7,40). Embora chame o Senhor de Mestre, tem outros pensamentos em seu interior.

Jesus, usando de sabedoria, relata uma comparação: "'Certo credor tinha dois devedores. Um lhe devia quinhentas moedas de prata, e o outro cinquenta. Como não tivessem com que pagar, perdoou a ambos. Qual deles o amará mais?'. Simão respondeu: 'Aquele ao qual perdoou mais'. Jesus lhe disse: 'Julgaste corretamente'" (Lc 7,41-43).

O olhar humano deve ser acolhedor. Jesus continua: "Voltando-se para a mulher, disse a Simão: 'Estás vendo esta mulher? Quando entrei na tua casa, não me ofereceste água para lavar os pés; ela, porém, lavou meus pés com lágrimas e os enxugou com os seus cabelos. Não me beijaste; ela, porém, desde que cheguei, não parou de beijar meus pés. Não derramaste óleo na minha cabeça; ela, porém, ungiu meus pés com perfume. Por isso te digo: os muitos pecados que ela cometeu estão perdoados, pois ela mostrou muito amor. Aquele, porém, a quem menos se perdoa, ama menos'" (Lc 7,44-47). Qual deve ser o nosso gesto diante do pecador que busca ajuda?

A mulher não se cansava de beijar os pés de Jesus. Na cultura oriental, as pessoas têm como tradição saudar com um beijo no rosto. Na cultura ocidental, o beijo entre pessoas do mesmo sexo é visto por alguns seres humanos de forma preconceituosa, embora possamos observar esse tipo de saudação como um ato de sinceridade. Em algumas Igrejas as pessoas até costumam se beijar na hora do culto. Mas, fora do templo, são extremamente preconceituosas, condenam, excluem, julgam e não se misturam com "os pecadores". O beijo ao qual Jesus se refere é cordial, de gratidão.

Beijar é um belo gesto de saudação. Todavia, isso deve ser espontâneo. Não se deve fazer nada por obrigação. O beijo matou Jesus. E isso acontece ainda hoje. Será que não estamos precisando beijar os pés de Jesus?

Aquela mulher ainda derramou perfume em Jesus, e não foi qualquer perfume. Este gesto não deixa nenhuma dúvida quanto à sua humildade.

Precisamos nos libertar e aprender a ter a atitude da pecadora, para testemunhar e anunciar Jesus vivo para aquela pessoa que está passando por momentos difíceis.

Geralmente, o fariseu não aceita a verdade do outro. Apesar de conhecer muito bem as regras e preceitos de sua religião, esquece-se da misericórdia de Deus. Certamente, queria que Jesus condenasse a pecadora.

Jesus não veio para condenar, mas para salvar os que se humilham. Por isso, Jesus disse à mulher: "Teus pecados estão perdoados". Diante disso, "os convidados começaram a comentar entre si: 'Quem é este que até perdoa pecados?'. Jesus, por sua vez, disse à mulher: 'Tua fé te salvou. Vai em paz!'" (vv. 48-50). Perdoar o pecador que está dentro de nós é um ato pleno de humildade. A pessoa que está em paz com si mesma é capaz de levar a paz ao outro. Durmamos em paz nos braços de Deus. Ele tranquiliza a nossa mente e cura o nosso coração.

Um exemplo de humildade foi a renúncia de Bento XVI. Sua sabedoria foi algo formidável. O único poder que buscava era servir de coração o seu próximo. Ele mostrou ao mundo que a vida tem limite. Não há um super-homem na terra que possa resolver todos os nossos problemas.

Depois da renúncia, foi eleito o Papa Francisco, um homem humilde que quebrou certos protocolos burgueses que imperavam na Igreja. Ele colocou no peito um crucifixo comum, em vez de um de ouro, deixando claro que não é a riqueza que converte o coração, mas a humildade. Ainda mais, desceu em diversas ocasiões de seu carro luxuoso e beijou os pobres, os preferidos de Deus.

A cura da alma passa por gestos como os de Bento XVI e do Papa Francisco.

3º Passo

Acolher
Lc 10,25-37

> É próprio deste passo que as pessoas
> se levantem de seus lugares e se abracem.
> Ninguém pode ficar de fora.
> Acolher é saber receber o outro para
> curar-se da indiferença.

O ser humano vive neste mundo para amar e ser amado. Após ter trabalhado por anos no atendimento das pessoas, acredito que uma das atitudes mais belas é estar disposto a acolher. É urgente reservar um tempo para acolher a nós mesmos e também os outros. Não se trata de egoísmo, mas você é a pessoa mais importante a ser acolhida. O primeiro encontro deve ser com si mesma.

Assim, redimidos e amados por Deus, poderemos, então, começar a acolher os outros. É impossível uma pessoa sorrir para outra, se ela mesma vive amargurada. Um eu livre saberá olhar para o outro e sorrir espontaneamente. Amando, seremos acolhidos e acolhedores.

Descubro que Deus está próximo de mim no sofrimento e, por isso, é belo e libertador acolher o irmão que sofre. *Acolher é somar forças com a outra pessoa.* A cada dia descubro que Deus é pura compaixão que dura para sempre. Sob esta compaixão, acolheremos a nós mesmos e o nosso próximo.

Perguntei a um senhor numa celebração: "O que está sentindo?". Ele se abaixou, com tristeza, então coloquei as mãos sobre a sua cabeça e lágrimas escorreram em seu rosto. Esse deve ser o mesmo choro de milhões de pessoas que pedem socorro. Nunca soube, na verdade, o que estava se passando naquela mente.

> Parece simples tocar no outro, mas não é. Qual reação terá essa pessoa? Coragem! Coloque as mãos sobre a cabeça do sofredor. Ele se sentirá aliviado. O toque cura. Acolher cura. Acolher é o gesto de amar a Deus e ao próximo como a nós mesmos.

O mundo atual está precisando de gente que ouça o outro. Muitas pessoas estão perdidas, sem rumo, vazias... Buscam algo que preencha a sua existência. A ganância torna as pessoas cruéis, desumanas, cansadas, perdidas.

Certa vez, ouvi o seguinte desabafo: "Sou gerente administrativo e escuto diariamente dos executivos: 'estou cansado, não aguento mais'... As pessoas deveriam voltar a viver junto à natureza e aos animais, voltar às suas raízes. O mundo é das pessoas simples e humildes".

Vivemos em um mundo de indiferença. Na saída do metrô, no ponto de ônibus, na rua, na fábrica, na escola, no caminho da roça, no mercado ou em qualquer lugar em que esteja, a mensagem que recebemos das pessoas é: "Não me incomode". O ser humano está se desumanizando, um quer engolir o outro. É assustadora e perigosa esta sociedade que se diz moderna e avançada.

Os mestres da Lei

Acolhimento não é a função dos mestres da Lei. O serviço deles é conhecer leis e julgar. Para eles, a pessoa deve obedecer e ponto. Jesus, filho de uma mulher simples e de um carpinteiro, sabia que a interpretação da Lei ensinada pelos mestres servia para beneficiá-los e, por isso, entrava sempre em conflito com eles. O evangelista Lucas nos relata: "Um doutor da Lei se levantou e, querendo experimentar Jesus, perguntou: 'Mestre, que devo fazer para herdar a vida eterna?'" (Lc 10,25). Ele tenta de todas as formas a pessoa de Jesus. Acolher exige uma postura serena, de equilíbrio físico e emocional diante do outro. Ser cordial é ser sábio.

As respostas de Jesus aos doutores da Lei são objetivas, sem rodeios. Ele não veio para agradar, mas para acolher a pessoa sem direção. Jesus, então, devolve a pergunta para o doutor da Lei: "Que está escrito na Lei? Como lês?" (Lc 10,26). Acolher é saber ser prudente na resposta. Se não soubermos responder, devemos ficar calados. O silêncio pode ser um gesto de acolhimento.

Amar a Deus e ao próximo

O mundo está repleto de "mestres" e "doutores" que sabem tudo sobre a Lei de Deus e que discorrem corretamente seus versículos. No entanto, conhecer a Lei não significa nada, se a pessoa não acolher o próximo. Jesus disse: "Amarás o Senhor, teu Deus, de todo o teu coração e com toda a tua alma, com toda a tua força e com todo o teu entendimento; e teu próximo como a ti mesmo!" (Lc 10,27). Esta passagem, que se encontra no livro do Deuteronômio 6,4-9, é o centro da Lei para o povo de Israel. O mestre que interrogava Jesus era perito na Palavra de Deus.

O homem de Nazaré, bom judeu e conhecedor da Lei, respondia às provocações dos mestres com palavras tiradas da própria Lei. "'Respondeste corretamente. Faze isso e viverás'. Ele, porém, querendo justificar-se, disse a Jesus: 'E quem é o meu próximo?'" (Lc 10,28-29).

O mestre da Lei faz cinicamente essa pergunta, porém ele sabe a resposta. É improvável que um mestre não a conheça. A diferença é que Jesus é Deus, e os "mestres" são humanos. Onde habita o ser humano há hipocrisia.

O bom samaritano

O leitor poderá ler esta passagem do evangelho em silêncio: "'Certo homem descia de Jerusalém para Jericó e caiu nas mãos de assaltantes. Estes arrancaram-lhe tudo, espancaram-no e foram-se embora, deixando-o quase morto. Por acaso, um sacerdote estava passando por aquele caminho. Quando viu o homem, seguiu adiante, pelo outro lado. O mesmo aconteceu com um levita: chegou ao lugar, viu o homem e seguiu adiante, pelo outro lado. Mas um samaritano, que estava viajando, chegou perto dele, viu, e moveu-se de compaixão. Aproximou-se dele e tratou-lhe as feridas, derramando nelas óleo e vinho. Depois colocou-o em seu próprio animal e o levou a uma pensão, onde cuidou dele. No dia seguinte, pegou dois denários e entregou-os ao dono da pensão, recomendando: 'Toma conta dele! Quando eu voltar, pagarei o que tiveres gasto a mais'. Na tua opinião – *perguntou Jesus* –, qual dos três foi o próximo do homem que caiu nas mãos dos assaltantes?' Ele respondeu: 'Aquele que usou de misericórdia para com ele'. Então Jesus lhe disse: 'Vai e faze tu a mesma coisa'" (Lc 10,30-37).

O ser humano é violento por natureza, precisa ser educado. Olhe para uma criança e perceba que, se ela não for corrigida, irá destruir tudo. Mas, aos poucos, aprenderá a se comportar.

O que me encanta em Jesus é que um abandonado sabe o que significa sofrimento. Odiado pelos sacerdotes e mestres da Lei, o povo samaritano era considerado impuro e idólatra, porque não cultuava o único Deus. O gesto do samaritano, no entanto, foi o de acolher o inimigo. Essa ferida curada pelo samaritano é a mesma encontrada na alma da pessoa deprimida, angustiada, e que pede atenção. O samaritano é o ser humano ideal para a atual época.

O que seria dos excluídos, se não fosse a bondade dos samaritanos? Deixe um lugar para o samaritano dentro do seu coração e acolha o outro.

O mestre da Lei já tinha respondido corretamente. Perceba que não adianta, como já mencionei, conhecer a Lei de Deus. Já temos muitos peritos na Lei de Deus. Qualquer pessoa pode ler a Bíblia, mas vivenciá-la exige renúncia. No mundo de hoje, se não renunciarmos a muitas coisas, não nos tornamos seres humanos. O mundo coloca vários obstáculos a fim de que desanimemos. O desânimo é a marca desta sociedade que descarta o ser humano em favor do lucro. O que causa medo é a ganância. Todo mundo quer ter. O que é ter? O que você busca? O que significa vencer na vida? A resposta de Jesus foi: "Vá e faça a mesma coisa". Acolha e ame seu próximo como a si mesmo. A vida é simples... Ame!

4º Passo

Amar

1Cor 13

> O amor de Jesus até o fim é selado com o sacrifício do seu corpo e do seu sangue.
> A Eucaristia é o sacramento desse amor.
> Por isso, deve-se expor o Santíssimo Sacramento, de forma que os participantes permaneçam algum tempo em silêncio e de joelhos.

O perdão torna a pessoa livre. E, a pessoa liberta é humilde, portanto, sabe acolher o outro. O acolhimento é um ato de amor. O nosso encontro com Deus é singelo. Na singeleza, poderemos vivenciar o amor de Deus. O mundo foi gerado pelo amor. O amor não poderá ser definido com conceitos humanos, porque o amor é Deus. O mistério é para ser sentido. O amor é um gesto concreto.

O mundo já está repleto de conceitos sobre o amor. Não creio em conceitos prontos. Quer saber o que significa *eros*, *philia* ou *ágape*? Use um dicionário. Não quer? O nosso objetivo não é definir, mas viver o amor. Paulo nos dirá o que é o amor. Sinta o amor de Deus resplandecer sobre sua mente e seu coração.

Paulo

Inicialmente, Paulo revelou ser preconceituoso e perseguidor dos cristãos. Era doutor da Lei de Deus, formado na melhor escola judaica de sua época: a de Gamaliel, que corresponderia hoje à Universidade de Harvard, nos Estados Unidos. Tinha o título de cidadão romano, tal era sua importância.

A expressão "caiu do cavalo", que é muito usada no meio popular, tem origem numa interpretação da conversão de Paulo, narrada pelo evangelista Lucas no livro dos Atos dos Apóstolos 9,4: Paulo, a caminho de Damasco, viu-se cercado por uma grande luz e, caindo por terra, ouviu a voz de Jesus. Essa cena foi pintada por artistas que colocaram Paulo montado num cavalo. Por sua vez, o cristão que recusa o convite de Jesus para anunciar a sua mensagem "cairá do cavalo" várias vezes.

Paulo, o homem que "caiu do cavalo", o grande viajante que anunciou a boa notícia de Jesus Cristo, afirma: "Se eu falasse as línguas dos homens e as dos anjos, mas não tivesse amor, eu seria como um bronze que soa ou um címbalo que retine. Se eu tivesse o dom da profecia, se conhecesse todos os mistérios e toda a ciência, se tivesse toda a fé, a ponto de remover montanhas, mas não tivesse amor, eu nada seria. Se eu gastasse todos os meus bens no sustento dos pobres e até me entregasse como escravo, para me gloriar, mas não tivesse amor, de nada me aproveitaria" (1Cor 13,1-3).

A palavra "ainda" significa que amar é um gesto divino. A pessoa não sairá de sua casa para servir ao próximo, se não amar. O segredo de ser uma pessoa amorosa é saber que a linguagem do amor é universal. Todos conseguem entendê-la. O amor de Jesus por nós foi manifestado no calvário. Calvário é o lugar da caveira. O ser humano deve preencher a sua caveira (mente e coração) para conhecer o amor de Deus. O que vai libertar a pessoa do egoísmo, fazendo com que aceite de coração o seu próximo, é o amor. Por causa da falta de amor, os consultórios psiquiátricos estão lotados. As pessoas precisam ser amadas a cada dia, pois quem ama é capaz de viver a singeleza da vida.

É um ato de amor: visitar uma clínica de dependentes químicos ou de doentes, ir a um velório, abençoar uma casa, escutar o outro, reservar tempo para servir o próximo... O povo está farto de conceitos. O povo quer amar e ser amado.

> Cura-se do egoísmo a pessoa que se sente útil ajudando seu semelhante. Deixe-se conduzir pelo amor misericordioso de Deus. A misericórdia cura a alma. Você sabe o que é o amor? Não fale nada sobre o amor. Abrace, abrace, abrace... Isso mesmo, abrace, abrace bem forte. Sentiu? O que é o amor? Simples. O toque cura.

Numa casa de recuperação de dependentes químicos, inicio a pregação dessa forma: "Aqui está um pecador que vai aprender com vocês". Imagine a cabeça daquelas pessoas ao ouvir o padre dizer que é um pecador. Durante a conversa que tenho com elas, costumo ouvir: "Pensava que o padre, o pastor, que faz curas, fossem santos". Respondo: "Os santos estão na glória de Deus. Padre, pastor, pai de santo, ancião, bispo, apóstolo, papa, monge, guru, rabino e todos os outros são seres humanos com sentimentos e que estão em processo de conversão. O humano deve falar das realidades humanas". Confesso que amo ser uma pessoa humana no meio dos desumanizados.

A pessoa precisa em primeiro lugar ser salva. Ser salva não é ser perfeita e santa, mas alguém curada de vícios como o álcool, as drogas e outros.

Reservo um tempo para pregar aos dependentes químicos e peço-lhes que se concentrem repetindo: "Jesus". Onde existem pedras, peço que eles as segurem com as mãos e se concentrem neste nome, "Jesus".

Certo dia, no meio da pregação, um deles se levantou e disse: "Padre!". Virei e ele, com o rosto alegre, falou quase gritando: "Consegui me concentrar e estou me sentido bem". O que aconteceu com ele? O amor de Deus penetrou em sua mente e o vazio do seu coração foi preenchido pelo nome "Jesus". A Palavra Jesus significa "Deus cura, liberta".

O amor...

Paulo define o amor assim: "O amor é paciente, é benfazejo; não é invejoso, não é presunçoso nem se incha de orgulho; não faz nada de vergonhoso, não é interesseiro, não se encoleriza, não leva em conta o mal sofrido; não se alegra com a injustiça, mas fica alegre com a verdade. Ele desculpa tudo, crê em tudo, espera tudo, suporta tudo" (1Cor 13,4-7). Na visão de Paulo, o amor não é um vir a ser, não é um idealismo, não é um sonho abstrato, mas sim um gesto concreto. Ame!

É paciente

A primeira atitude para amar é ter paciência. Respire fundo: ter paciência é um desafio árduo neste mundo agitado. Os tratamentos mais procurados hoje em dia são os que promovem o "bem-estar". As clínicas estão lotadas. No campo religioso crescem as igrejas que oferecem "curas" imediatas. Os mágicos estão perdendo seu posto, porque "os mágicos das Igrejas oferecem um produto chamado 'cura e libertação'". Não estamos no século XXI?

No mundo de hoje, paciência é algo em extinção. As pessoas andam apressadas, não querem perder um minuto, porque tempo é dinheiro. O patrão exige delas o cumprimento da produção e das metas de vendas. Ao chegarem em casa, elas ainda se deparam com os afazeres domésticos, os problemas familiares, a falta de dinheiro para pagar as contas... Há muito em que pensar. Sobra lugar para a paciência? Ouço frequentemente: "Vou tomar uma gelada para relaxar". As fábricas de bebidas agradecem. Mas, de acordo com a minha experiência, bebidas não relaxam, e sim deixam a pessoa impaciente e deprimida. A euforia causada pelo álcool é passageira.

Em nossa opinião, o melhor lugar para exercitar a paciência é a comunidade. Um cristão prestativo serve alegremente a comunidade e não reclama do que faz. Ser humanizado é ser prestativo.

Não é invejoso

Diz o ditado popular: "a inveja mata". O invejoso sofre com a felicidade do outro. Um ser humanizado quer a felicidade do seu próximo e não a sua desgraça. Nos dias atuais, muitas pessoas sentem a necessidade de mostrar seu poder. Não há dúvida de que o poder é constituído por pessoas invejosas. Ser humilde é ser salvo da inveja. *O amor não é invejoso.*

Não é presunçoso nem se incha de orgulho

Seja cristã ou não, a pessoa tem que buscar ser humilde. Não existe amor verdadeiro sem humildade. O orgulho destrói a pessoa e os que a rodeiam. Enquanto a simplicidade forma seres humanos unidos. Poderia ser mais ousado e afirmar: *o ser da humanidade é a humildade.* Uma sociedade formada por indivíduos humildes é uma dádiva. O ser humano que tem coração humilde "não se incha de orgulho".

O poder é destruidor. Já o amor é um gesto humanizador. Nunca é demais repetir que é preciso nos humanizar para que haja amor.

Não se encoleriza

Uma pessoa irritadiça pode atrapalhar o trabalho de uma comunidade ou de uma empresa. Existem, sim, momentos na vida em que nos irritamos. Isso faz parte de vida. O que não parece normal é a pessoa se mostrar irritada o tempo todo. O estresse do mundo de hoje tem deixado as pessoas nervosas.

Uma dica: No dia em que estiver cansado, não saia de casa. Às vezes, é melhor ficar em casa para não atrapalhar os outros. Ser prudente é um exercício de sabedoria. O essencial de nossa vida é saber amar o nosso irmão. Amar é o "calmante" da mente e do coração.

Não leva em conta o mal sofrido

O perdão nos cura de qualquer rancor ou mágoa. Guardar rancor de alguém é destruidor, que nos derruba e nos faz andar sem rumo. Como posso servir o meu próximo com o coração e a mente "entupidos" de raiva? Este passo é oportuno para se libertar do rancor e começar uma nova vida. Lembra-se do primeiro passo? Perdoe e seja curado do rancor.

Não se alegra com a injustiça

O ser humano deve lutar por um mundo mais justo. A natureza se revolta contra este mundo que se autodestrói. Um injustiçado revoltado mata e se mata. A injustiça do capitalismo perverso está causando guerras e matando os povos.

Volte e leia o primeiro passo, medite. Coloque as mãos no seu coração. Em silêncio leia: "O amor desculpa tudo, crê tudo, espera tudo, suporta tudo". Perdoar tudo é tornar-se um ser do amor. A pessoa que testemunha o que vive é feliz e tem a consciência tranquila.

> A comunidade é o lugar onde o cristão professa a fé com a esperança de viver em comunhão. Para alcançar isso, a comunidade precisa se perdoar mutuamente, se humilhar e suportar o outro para, então, poder acolhê-lo. A sociedade individualista não admite ser incomodada pelo outro. *Suportar também é um exercício de amor.*

"O amor jamais passará" (1Cor 13,8)

A pessoa que espontaneamente serve o outro não precisa de regras. Amar, segundo a Bíblia, não é fazer belas pregações, e, sim, guardar no coração as palavras e os gestos de Jesus Cristo. O amor é a entrega total do cristão a serviço do outro. Perdoando, somos perdoados. Acolhendo, somos acolhidos. Amando, somos amados.

Paulo encerra o hino do amor assim: "Atualmente permanecem estas três: a fé, a esperança, o amor. Mas a maior delas é o amor" (1Cor 13,13). Tudo o que é limitado passará. O ser humano passará e se tornará pó. Os bens materiais serão transformados. A ciência morrerá.

Li numa revista que hoje muitos jovens brasileiros estão ganhando bolsas para estudar nas melhores universidades do exterior. É um belo gesto. Pergunto: mas o que será deles, se não amarem o seu próximo? Estudar é bom. O que não é bom é formar jovens sem valores, que estudam nesses centros do conhecimento apenas para servir o capital.

O dinheiro ajuda o ser humano na sua sobrevivência, mas não traz felicidade. Nunca esqueça que para ser curada a pessoa deve amar com gestos. Tudo passará, mas o amor ficará para sempre

5º Passo

Orar
Mt 6,5-13

> Deve-se convidar os participantes a orarem em silêncio. O silêncio cura.

No primeiro passo, aprendemos com o salmista o que é o perdão. No segundo, ao lado do evangelista Lucas, médico e homem culto, refletimos o que é ser humilde. No terceiro passo, ainda ao lado de Lucas, cultivamos dentro de nós o que significa acolher. No quarto passo, Paulo, inicialmente um fariseu perseguidor dos primeiros cristãos, escreveu com sua própria mão o hino em homenagem ao amor. O quarto passo poderá ser escrito, mas nunca poderá ser definido. O amor é Deus e ele nos ama incondicionalmente. A oração é um meio para se viver em união com Deus. O quinto passo é o encontro com ele. É profundo, belo, calmo, harmonioso, singelo, amável e magnífico.

Orar é perseverar, e não se esqueça de ficar de joelhos. O batizado que ora é uma pessoa teimosa. Na sua teimosia, sente que pode ser sinal de Deus para o outro. Ele é teimoso, porque ama. Amando, somos pacientes com o irmão que sofre.

Rezar a liturgia diária

No leito de um hospital, uma senhora com câncer, respirando por meio de aparelhos, olhava para mim com dificuldade. Ela fazia o sinal da cruz e seus lábios apenas se mexiam. Sofrer é orar. Orar deitada em cima de uma maca, numa clínica de recuperação, é curativo.

A Igreja Católica propõe as leituras e os salmos da missa diária para que façamos nossa meditação. Sugiro ao leitor que, todos os dias, antes de sair para o trabalho, faça essas leituras. É uma riqueza que muitos deixam de aproveitar. Você poderá baixar até no seu computador. Aproveite a tecnologia para fazer uma bela oração.[1]

Na nossa comunidade, os cristãos que exercem um serviço na comunidade oram a partir das leituras diárias e são fortalecidos pela Palavra de Deus. Sintamo-nos felizes. Compartilhamos o que aprendemos com o outro de forma simples. Há uma troca muito bonita entre os membros da família cristã. O cristianismo teve início nas casas. O ambiente familiar é propício para conversas.

Dever de rezar diariamente

Nunca é demais lembrar que a oração é um aprendizado diário. Faz bem ficar em silêncio por no mínimo meia hora por dia. Renuncie a alguma coisa para salvar a sua vida pela oração. A vida é um sopro. Não devemos rezar somente por

---

[1] Acesse: <http://www.cnbb.org.br/liturgia/app/user/user/UserView.php>.

obrigação. Procure fazer disso um hábito. Não adianta só prometer que vai rezar diariamente, é preciso ter disciplina. A atividade humana depende da disciplina.

Reserve um tempo, retire as sandálias dos pés e medite. Modelos de grandes grifes, antes de entrarem numa passarela, são obrigados a meditarem. A meditação leva-os a serem disciplinados.

Não se sinta obrigado, mas livre para voar nos braços de Deus. Orar é saber escutar a Palavra de Deus.

Nunca é tarde para descobrir o alimento do Espírito. Particularmente, prefiro passar o dia sem comida a deixar de orar. Tenho consciência de que a partir da oração recebo de Deus forças para enfrentar a batalha do dia a dia. O que seria de mim hoje sem oração? Um viajante de cruzeiro andando perdido no meio do mar.

Nunca é tarde. Coragem! Jesus venceu as tentações por meio da oração.

Palavras

A oração que brota do ser humano não precisa de muitas palavras. As palavras podem curar ou matar. A língua é um perigo para quem não sabe discipliná-la.

Harmonia com universo

A oração brota de um coração aberto e de um cérebro sadio. A oração transforma a nossa mente e o coração, é um instrumento que cura nossos males. O nosso interior deve estar em harmonia com o universo.

Enquanto estou escrevendo estas palavras, escuto os pingos de água da chuva caindo sobre a mãe terra. Escuto o som das músicas suaves dos indígenas que residem nas Montanhas do Peru, Chile e Bolívia. Orar é jogar a nossa alma nos braços de Deus. Ao deixarmos o nosso cérebro leve, somos capazes de orar com liberdade. Jogarmo-nos nos braços de Deus é saber sermos felizes.

A oração em Mateus

O nosso companheiro neste quinto passo será o amigo Mateus. Ele não era estudioso como Lucas nem frequentou as melhores escolas como Paulo. Era um homem do povo e que falava sua linguagem. Com ele, iremos aprender o que é orar.

Mateus nos dirá que orar é simples. Nem tudo o que é singelo é fácil: "Quando orardes, não sejais como os hipócritas, que gostam de orar nas sinagogas e nas esquinas das praças, em posição de serem vistos pelos outros. Em verdade vos digo: já receberam a sua recompensa. Tu, porém, quando orares, entra no teu quarto, fecha a porta e ora ao teu Pai que está no escondido. E o teu Pai, que vê no escondido, te dará a recompensa" (Mt 6,5-6).

Silêncio

Uma pessoa de oração vive a maior parte do tempo em silêncio. O silêncio é assustador e salvador. Salvar é curar, é estar em profunda harmonia com Deus. O nosso Deus escuta as nossas orações no silêncio do nosso coração. Sou apaixonado pelo silêncio.

Rezar é voltar-se para dentro de si e sair para anunciar a mensagem de Jesus Cristo. O silêncio nos cura. A oração nos liberta. Feche o quarto de sua mente e repita no silêncio: "Jesus, eu te amo. Amo tanto que somente tu poderás saber".

A ferida do cérebro deve ser amenizada pelo "calmante" da oração silenciosa. O silêncio cura. O mundo é muito barulhento, e isso deixa as pessoas estressadas. Desabafe no silêncio. Tranque a porta do seu quarto e ore.

Orar é agradecer. A maioria das pessoas só quer pedir. Agradeça. Deus é Pai e sabe o que seus filhos querem. Deus é amor. Deus é perdão. Deus é humildade. Deus é acolhimento.

Joelhos no chão e Deus no coração é uma forma de oração. O ser humano é por natureza pecador, e precisa diariamente agradecer a Deus por estar vivo. Eu não fazia isso porque achava que já era padre e que não precisava amanhecer o dia de joelhos aos pés da cama. Ouvia de irmãos de comunidade que o primeiro gesto ao acordar era agradecer a Deus por estar vivo. Sinceramente: não acreditava muito. Cabeça de intelectual, racional, "doutor da lei" não compreende a cabeça e a fé do povo humilde. Sou um aprendiz da oração. Sinto que preciso ficar do lado de Jesus Cristo 24 horas para não fracassar. Sou um aprendiz.

A oração penetra o nosso coração com simplicidade. Orar é um gesto de humildade. O Mestre Jesus Cristo diz: "Quando orardes, não useis de muitas palavras, como fazem os pagãos. Eles pensam que serão ouvidos por força das muitas palavras. Não sejais como eles, pois o vosso Pai sabe do que precisais, antes de vós o pedirdes.

Vós, portanto, orai assim:
Pai nosso que estás nos céus,
santificado seja o teu nome;
venha o teu Reino;
seja feita a tua vontade,
como no céu, assim também na terra.
O pão nosso de cada dia dá-nos hoje.
Perdoa as nossas dívidas, assim como nós perdoamos aos que nos devem.
E não nos introduzas em tentação,
mas livra-nos do Maligno" (Mt 6,7-13).

A oração silenciosa consiste em saber sentir. Orar é sentir Deus.

O nosso Deus não quer que usemos muitas palavras para orarmos, ele já conhece nossas necessidades. O cristão que escuta a voz de Deus fará uma pregação repleta de sabedoria. A voz mansa, sóbria, convencerá o outro com seus gestos. A oração, para ser autêntica, precisa tocar não só a vida da pessoa como também a do outro.

Útero

Orar é entrar no útero de Deus. O útero de Deus pode ser um quarto, um local numa praça, numa fábrica, durante o horário do almoço. No útero de Deus fomos criados para a felicidade. O difícil é viver o que rezamos. O nosso Deus é amor e sabe de nossas fraquezas. Na fraqueza, uma pessoa poderá sair para anunciar o amor de Deus. Orar é amar.

Pai

Ouço com frequência a palavra Pai. Sou apaixonado por essa palavra. Perdi meu pai muito cedo. O pai que não reza abandona seu filho. Ser abandonado pelo pai é uma dor que se carrega pelo resto da vida. Há muitos pais abandonando seus filhos nas mãos dos traficantes.

Na sociedade, a maioria das pessoas chama por um Pai que "resolva" os seus problemas. O que mais ouço é: "Deus, eu quero ser curado". No entanto, é difícil escutar: "Pai nosso". O Pai é nosso, não é meu; Pai de todos.

Santificado

O nome de Deus é santo. Os nossos irmãos judeus não pronunciam o nome de Deus. Não somos dignos de pronunciar o nome Deus. Ele precisa ser sentido no coração. O que mais se ouve é a profanação do nome de Deus. O nome Santo é para ser vivido. "Santificado" seja o seu viver.

Somos mensangeiros do amor. Não somos meros rezadores, mas praticantes da Palavra de Deus. A Santa Bíblia é o instrumento do mensageiro, e a oração é o alimento da alma do cristão. Diz o ditado popular: "Quem não reza vira bicho" O mundo está repleto de pessoas que agem como animais.

Santos são todos aqueles que rezam e sofrem com os sofredores deste mundo.

Vontade de Deus

A vontade de Deus é que sejamos seres humanos com dignidade. A oração faz a ligação entre o céu e a terra. Não se pode viver com os olhos voltados só para o céu ou só para terra. É bela esta conexão entre o divino e o terreno. Mas hoje em dia se está perdendo este equilíbrio entre céu e terra.

Parece que atualmente a maioria das pessoas está ligada nas coisas da terra e se esquecendo das coisas celestiais. O céu é uma forma de viver aqui na terra as maravilhas de Deus. O egoísmo da sociedade afasta o ser humano de Deus. O *slogan* do mundo de hoje é: "Isto é meu". O eu individualista esquece de fazer a ligação entre o céu e terra. É um ser que vive em desarmonia. Rezar é amar as coisas do céu e as da terra. Conecte-se com o Deus da vida por meio da oração.

Pão nosso

O pecado de nossa sociedade é a falta de pão. Não se pode rezar com o estômago vazio. Os humilhados precisam de pão para viver. Há muita gente no mundo que não tem o que comer. "O pão de cada dia" está faltando na mesa do pobre. Basta olhar para a situação do povo que convive com a seca do Nordeste ou para as periferias das grandes cidades. O cristão não pode ficar calado diante dessa calamidade. Orar é saber partilhar o pão com quem passa fome. O pão a que Jesus se refere é a comida. O alimento é sagrado. Por isso, não jogue-o no lixo. Jogar comida no lixo é crime contra Deus e contra o próximo. Ore a Deus para que não falte o pão na sua mesa e na de seu semelhante.

Perdoar

Nunca é demais voltar ao primeiro passo. O Salmo 51(50) é um hino da misericórdia de Deus. O perdão cura a pessoa e a deixa tranquila. A pessoa que é curada de suas mágoas saberá dialogar com humildade. Cada passo na terra é santificação. "Perdoa as nossas dívidas, assim como nós perdoamos aos nossos devedores." Orar é saber perdoar. Perdoar é nossa meta. Um coração que sabe perdoar será livre. A liberdade do ser humano consiste em estar com a consciência limpa. Jogue fora o "lixo" da sua mente. O que devemos jogar na lixeira? O ciúme, a inveja, o rancor, o ódio, a ganância, a mentira, a falsidade...

Tentação

O cristão que entrega sua vida pelo outro é tentado todos os dias. Somos tentados a não nos comprometermos com a vida do próximo, porque não se pode perder tempo. O tentador a que denominamos diabo tem um nome: o dinheiro. O dinheiro tem grande valor nesta sociedade perversa. Os demônios retirados das pessoas nos dias atuais não são "espíritos", mas o dinheiro, que desvirtua a dignidade humana.

A pessoa que ajuda um irmão não se deve preocupar com o valor de seu serviço. Nas suas fragilidades, Deus irá socorrê-la. Não precisamos de muito para orar com o outro. Pegue na mão de seu irmão e ore com ele.

Para servir o próximo nos dias de hoje é preciso ser um herói. Conheço pessoas que trabalham durante o dia e que, ao chegarem em casa, lavam roupa, fazem a comida, limpam a casa, cuidam dos netos, pais, e, ainda, reservam um tempo para servir o seu próximo. Elas são heroínas. Fico encantado com as pessoas que participam dos encontros com seus netos do lado ou filhos. Não tenho palavras. Perfiro ficar em silêncio e deixar que o Espírito de Deus invada o meu coração. *Orar é despreender de si e servir o outro.*

O mal está tomando conta do mundo. O mundo de hoje está contaminado pela ganância. Não se pode construir uma sociedade saudável, enquanto houver pessoas preocupadas apenas com o lucro. A obra do Senhor deve estar desvinculada da ganância. O dinheiro é necessário para sobrevivermos, e isso é saudável. O que não deve prevalecer no seio da Igreja é trabalhar em prol do dinheiro. Não sejamos hipócritas. Dinheiro faz bem, mas nunca se deixe dominar por ele. *Senhor, "livra-nos do mal".*

O Pai-Nosso, de acordo com este pobre ser humano, é uma oração perfeita. Não existe para mim uma oração tão completa como essa. Há muitas denominações cristãs no mundo, todavia, quase todas rezam o Pai-Nosso. Ela une todos os cristãos. Jesus, Deus vivo encarnado no seio de uma pobre mulher, ensina cada um de nós a rezar com simplicidade. Tudo que é feito com humildade é belo.

Prepare o seu coração para viver em comunidade. A oração comunitária fortalece os ossos e fortifica o espírito abatido. A verdadeira cura está no diálogo com Deus e com o próximo. Comunidade é lugar de orarmos. Ore e seja curado das feridas do rancor. A comunidade é a morada de Deus.

6º Passo

Participar da comunidade
At 2,42-47

> Os participantes podem conversar de dois em dois e partilhar algum assunto pessoal. Conversar com um amigo de comunidade é pura cura. Curar é dialogar.

O elo que liga Deus e os homens na terra é a comunidade. A comunidade deve ser uma família unida. O mundo de hoje já está repleto de "isto é meu". Precisamos sair do eu para sermos nós. A união das pessoas fortalece o ambiente. No mundo fragmentado é urgente fomar uma comunidade de pessoas que saiba viver o amor misericordioso de Deus. A comunidade é lugar de curar a alma do individualismo.

Testemunhar e comungar junto com o outro é nossa missão.

As pessoas estão desanimadas por observar tanta desgraça, pela pressão no trabalho, por ver a destruição das famílias. No rosto delas, vejo vazio, desespero por encontrar alguma solução mágica para os problemas. O dinheiro pode ser usado para comprarmos comida, roupa, carro, casa, celular, computador, mas não serve para adquirirmos aquele que é o bem mais precioso da vida: a felicidade. Nos gestos genuínos e singelos dos irmãos de comunidade, a pessoa sente o que é felicidade. Na comunidade posso chorar e compartilhar meus sentimentos de alegria e tristeza. Quando vivido em comunidade, o sofrimento é suavizado. *A comunidade é o lugar de sorrir e amar.* A felicidade é construída a partir de uma comunidade que se ama e testemunha o amor de Jesus. Os discursos podem ser encantadores, mas o que fica são os gestos. O mundo já está farto de conceitos e de palavras vazias. A comunidade é o lugar da convivência harmoniosa entre as pessoas.

Certa pessoa chegou perto de mim e fez a seguinte afirmação: "Sinceramente, nunca participei de uma comunidade como a nossa. Aqui as pessoas são próximas. Até o abraço da paz é diferente, verdadeiro. Comunidade é isso, viver para servir". *Nada mais justo do que definir comunidade tendo como exemplo uma pessoa que trabalha até de domingo, das 6h às 18h, e que ainda traz a esposa e os filhos para participar, junto com a comunidade, da missa das 19h.*

Não há um modo perfeito de ser comunidade. Toda comunidade tem um rosto. Como é o rosto da sua?

O ser humano nasceu para se relacionar com o outro. Não podemos viver isolados. Cheguei numa certa cidade onde as pessoas estavam assustadas porque muitos estavam se enforcando. O ser humano deprimido, que se sente isolado, pode até se matar. A morte por depressão aumenta devido à falta de diálogo. A pessoa precisa do outro para dialogar. É importante que a pessoa escolha uma comunidade para partilhar sua vida. O diálogo cura.

Retrato da comunidade

Novamente estarei do seu lado com meu amigo Lucas, o autor do livros do Atos dos Apóstolos. Existem vários textos bíblicos que retratam o que é e como deve ser uma comunidade. Sou apaixonado pelo texto dos Atos, onde aparece pela primeira vez a palavra *koinonia* ou comunhão. A passagem inicia assim: "Eles eram perseverantes em ouvir o ensinamento dos apóstolos, na comunhão fraterna, na fração do pão e nas orações. Apossava-se de todos o temor, e pelos apóstolos realizavam-se numerosos prodígios e sinais. Todos os que abraçavam a fé viviam unidos e possuíam tudo em comum; vendiam suas propriedades e seus bens e repartiam o dinheiro entre todos, conforme a necessidade de cada um. Perseverantes e bem unidos, frequentavam diariamente o templo, partiam o pão pelas casas e tomavam a refeição com alegria e simplicidade de coração. Louvavam a Deus e eram estimados por todo o povo. E, cada dia, o Senhor acrescentava a seu número mais pessoas que eram salvas" (At 2,42-47).

Essa passagem é um espelho daquilo que procuramos viver hoje em nossa comunidade. Evidentemente estamos treinando para viver em comunidade. A vivência comunitária é uma escola de vida. Existem alguns sinais e, a partir desses "pingos", iremos refletir sobre esse texto.

Quando assume um compromisso, uma pessoa deve ser perserverante. Somos tentados a não querer assumir compromissos que consumam nosso tempo. Perseverar é comprometer-se com a causa do outro.

Comunhão

A comunhão entre os irmãos de comunidade fortalecerá a vida da pessoa. É fudamental viver em harmonia com aquele que está do nosso lado. Sendo amigo do outro, verdadeiramente construímos uma comunidade. Viver em fraternidade é a solução para este mundo individualista. Deslumbro de alegria, quando olho para os meus irmãos e irmãs de comunidade compartilhando as suas alegrias e tristezas. Não há sentido em ser uma pessoa, se não se vive em comunhão fraterna com os irmãos. Qual é a proposta do mundo atual? Afaste-se do outro e viva a sua vida. É um perigo viver numa sociedade que despreza o outro. Como está a sua comunidade? Como está a sua tribo? *A comunidade é a tribo que une as pessoas.* Desde o início da humanidade as pessoas vivem em pequenos grupos.

Partilhar o pão

Não nos devemos esquecer dos famintos. Observo que em muitos lugares há pessoas que não têm condições de comprar um pão. A fome ainda mata mais de um bilhão de seres humanos no planeta. De acordo com alguns economistas: somente os juros de alguns países poderiam matar a fome de todas as nações em desenvolvimento.

Não precisamos ir longe para perceber que o endividamento das pessoas está cada dia maior. Visitando as casas, percebo que em algumas falta comida na mesa. O individualismo está tirando o alimento da mesa dos pobres.

A pessoa que serve com amor a sua comunidade aprende a repartir o pão com seu irmão que passa fome. O prazer de partilhar o alimento com o outro é indescritível. Partir o pão em comunidade é um passo concreto para resgatar a dignidade do outro. Resgatando a autoestima do outro, a pessoa resgata também a sua.

É bonito ver pessoas partilharem com alegria os seus alimentos e comerem juntas. A mesa é o lugar do encontro. Não deixe seu irmão com fome. Ao redor da mesa, a comunidade celebra a vida e é sinal de comunhão. Comungue com o irmão o pão da vida. Jesus partiu e serviu a todos. Ele é nosso mestre. Sejamos curados ao redor da mesa onde todos partilham o mesmo pão.

Aprecio quando estamos distribuindo a Santa Eucaristia, o Pão da Vida, e observo que todos saem do seu lugar para receber o pão igualmente. Não há um lugar perfeito de comunhão, quando se entra na fila para receber Jesus. Todos são iguais. A mesa é comum para todos. Não há privilegiados. Seria bom que todos pudéssemos comungar igualmente do mesmo pão com aquele que passa fome. Penso que seria interessante, a partir de hoje, começarmos a viver o que comungamos na santa missa.

O que comungamos na santa missa? Jesus. Ele é o pão que sacia a fome de todos. O cristão que comunga o Pão da Vida será sinal de vida para o outro. Não adianta sair da fila de comunhão e virar as costas para o próximo. Isto é crime. *Comunguemos com o nosso irmão na mesma fila. Sirva o prato de seu próximo.* Ele é muito especial.

Oração

O cristão deve ser um ser orante.

A oração fortalece os laços comunitários. A comunidade que reza junto está apta a sair para evangelizar. Não podemos sair em missão, se não orarmos. Por meio da oração, a comunidade é fortificada. A oração pode ser definida como a fortaleza que sustenta a vivência comunitária. Não me sinto cansado quando estou junto com meus irmãos em oração.

Fechar-se no quarto e orar é prazeroso, quando a sua comunidade vive em estado de oração. A oração é o alimento do Espírito do cristão. Missão é oração. Jesus, nos momentos de angústia, parava para rezar. O retrato da comunidade está impresso no coração da pessoa que ora. *Orar é sair de si e se entregar para o outro.* A entrega de nossa vida por causa de Jesus é magnífica. Tudo fica leve, suave, quando oramos. A pessoa que não ora, irá realizar os trabalhos da comunidade com o rosto triste e reclamar de tudo o que faz. Não há, sinceramente, um prazer mais benéfico do que orar e viver em comunidade, comendo com o outro ao redor da mesa.

Temor

O cristão deve ser uma pessoa temente a Deus. Temer não significa ter medo. O medo na dose certa é uma defesa natural do ser humano. O problema é quando se cria, na mente do povo, a imagem de um Deus castigador. Não se deve dar ouvidos a esse tipo de discurso perverso. O Deus que nós anunciamos é o Deus do amor. Há vários pregadores que se intitulam "apóstolos" e espalham o medo para intimidar as pessoas. Seus discursos estão recheados de terror, e não de temor. Ouço de alguns "apóstolos" que, se não entregarem o dízimo, vão para o inferno. Ou, que se o entregarem, receberão um carro, uma casa de luxo, uma fábrica. O dízimo é um gesto de fé. É um ato livre do fiel para com Deus. Um fiel consciente de sua fé entregará o dízimo, porque não é dele, mas de Deus. A obra do Senhor Jesus precisa do dízimo e das ofertas do seu povo. Mas cuidado com os "missionários" do dinheiro. Eles estragam o verdeiro sentido do dízimo e das ofertas. Temer a Deus significa ser amável com seus irmãos. *Na comunidade que vive da fé acontecem sinais e prodígios em abundância.*

Fé e união

Por onde ando, constato que a Igreja está sendo destruída por falta de fé em um Deus comprometido com a vida do outro. É impossível o anúncio do querigma sem a unidade dos que abraçam a fé. O sinal visível de uma comunidade de fé é a comunhão. A comunidade unida sabe repartir e colocar seus bens a serviço do Reino de Deus.

O cristão que vive com humildade e simplicidade é estimado. O povo ama o padre, quando ele é simples. Caráter é algo que não se compra. O padre que é estimado pelo povo é uma bênção. Bento XVI afirmou: "Não somos um centro de produção, não somos uma empresa voltada para o lucro, somos Igreja. Somos uma comunidade de pessoas que vivem na fé. Nossa tarefa não é criar um produto ou conseguir êxito nas vendas. Nossa tarefa é viver exemplarmente a fé, anunciá-la, e mantermo-nos em uma relação profunda com Cristo e, assim, com o próprio Deus, não ser um grupo utilitarista, mas uma comunidade de pessoas livres que se doam e que atravessam nações e culturas, o tempo e o espaço".[2]

A comunidade que testemunha Jesus Cristo a partir da partilha do pão e de sua Palavra será sinal de salvação. Os filhos de Deus precisam de um aperto de mão, de um abraço, de um olhar sincero, de uma conversa agradável. Não é difícil fazer isso quando se está de bem com a vida. Faça o bem e seja abençoado.

O que precisamos é viver em comunidade, com alegria de coração.

---

[2] BENTO XVI. *Luz do mundo*; o Papa, a Igreja e os sinais dos tempos. Uma conversa com Peter Seewald. São Paulo: Paulinas, 2011. p. 98.

7º Passo

Sair em missão
Mc 2,13-17

> Os participantes devem trazer uma pessoa para participar da comunidade. E terão que lavar e beijar os pés dessa pessoa. Curar é saber conviver com o outro.

O que significa o número sete? Significa a plenitude ou a totalidade. Os passos não são teorias. A mente e o coração do cristão precisavam ser limpos pelo perdão. Perdoar é essencial para que a pessoa seja humilde, acolhedora, amável, orante e saiba viver em comunidade. O perdão é o início de uma nova vida. É com o coração purificado que iremos buscar o nosso "médico", para sermos curados de nossas feridas. A caminhada do ser humano é desafiante. É gratificante caminhar nessa estrada em busca de Jesus Cristo. Tendo aceitado Jesus como um projeto de vida, o batizado não terá dificuldade de estender a sua mão para aquele que ainda não o descobriu.

Missão é diálogo

A pessoa humana é o ser da busca, por isso procura resposta para a sua existência percorrendo vários caminhos. O vazio da sociedade deixa a pessoa sem rumo e sem direção. O ensinamento de Jesus resgata integralmente a dignidade da pessoa. Jesus não impõe, mas ensina e mostra caminhos. Cada um é livre para aceitá-lo. O diálogo é o caminho para conhecer Jesus.

Certa vez, conversei com uma professora universitária que queria conhecer a Bíblia. No caso dela, queria saber abrir os livros em seus capítulos e versículos. Ela é professora universitária, doutora no conhecimento científico e profissionalmente realizada. Porém, sente que falta algo em sua vida.

Como neste sétimo passo cada participante deve convidar uma pessoa, aproveitei a oportunidade e convidei-a. Ela aceitou e fiquei alegre de vê-la em nosso meio. O convite é um risco. No risco podemos alcançar o outro. Todavia, se a pessoa não aceitar, não desista.

Falei para essa professora que o sétimo passo consistia na missão. Então, perguntou-me: "O que é missão?". Respondi-lhe: "É o que estamos fazendo, ou seja, é dialogar". A nossa conversa durou mais ou menos três horas. Missão é dialogar. É ensinando que se aprende e é aprendendo que se ensina. Não existe uma receita... Os caminhos estão abertos e não há quem impeça a pessoa de escolher o seu. Vamos retirar as sandálias e ficar livres para voar como os pássaros. Adoro a liberdade de expressão. Um ser livre ama.

Marcos

O evangelista Marcos afirmou: "Outra vez, Jesus saiu para a beira do lago. Toda a multidão ia até ele, e ele os ensinava"

(Mc 2,13). O lago é um lugar deslumbrante. O planeta Terra é banhado por 70% de água. O corpo humano é constituído de 70% de água. Somos "banhados em Cristo" no Batismo.

Confesso que fiquei com "inveja" do lugar onde Jesus pregava o Evangelho. Curar a alma é saber tirar as sandálias dos pés e caminhar na areia.

Ensinar à beira de um lago é deslumbrante. Nunca fui missionário na beira do mar. Jesus foi privilegiado: caminhava com os pés descalços na areia, sabia ouvir e ensinava com seus gestos. O seu ensinamento era prático e partia da vida de seu povo. Jesus vivia no meio do povo e lhe mostrava o caminho. Ele é o caminho.

Jesus é despojado e tem uma maneira própria de evangelizar. Ele conquista as pessoas olhando nos olhos. O evangelista Marcos disse: "Ao passar, viu Levi, o filho de Alfeu, sentado na coletoria de impostos, e disse-lhe: 'Segue-me!'. Ele se levantou e seguiu-o. Enquanto estava à mesa na casa de Levi, muitos publicanos e pecadores puseram-se à mesa com Jesus e seus discípulos. Pois eram muitos os que o seguiam" (Mc 2,14-15).

Jesus caminha e olha o irmão que está a seu lado. No mundo de hoje as pessoas caminham apressadas e não têm tempo de olhar nem para si mesmas. Jesus caminha, olha para o pecador e o chama a segui-lo. Um cobrador de imposto, na época de Jesus, era considerado impuro pelos doutores da Lei. Era visto como enganador do povo. E um doutor da Lei não ama um pecador. Mas Jesus, ao contrário deles, saiu em busca daquele que era excluído. Milagre é ajudar o outro a ser salvo.

Neste sétimo passo, vamos abrir a nossa boca para convidar os que são discriminados pela sociedade. Vamos lutar pela dignidade de cada um. Missão é resgatar a autoestima daquele que sofre.

Destinatário

Jesus foi até a casa do pecador comer de sua mesa. Ele procurava ensinar ao comer na casa daqueles que não recebiam visitas por serem malvistos pela sociedade. Será que nos dias atuais ainda valorizamos o ato de comer junto com o outro? Não há dúvida de que a mesa é o lugar perfeito para evangelizar.

Na nossa comunidade vivemos em comunhão fraterna. Os nossos almoços, jantares e cafés são feitos em comum. Todos comem e saem felizes. Não há bebida alcoólica, mas, se uma pessoa alcoolizada aparecer, iremos recebê-la de coração? Ela fará parte da mesa? Missão é comer na mesa do pecador.

Missão é sentar-se com os irmãos que sofrem e comer na mesa deles. O sofrimento não escolhe classe social. Mas a vida pode ser saboreada por todos, não importando a classe social a que se pertença. Jesus é amigo de todos. Ele ficou ao lado dos desprezados porque eles eram – e são – discriminados. Missão é aceitar a pessoa sem discriminação.

A missão consiste em buscar aquele que está precisando sair do mundo das trevas para a luz. Não tenhamos dúvida de que podemos fazer uma lista quase infinita de situações que exemplificam o mundo das trevas no qual vivemos: brigas familiares, preconceitos, guerras, egoísmo... Quem precisa ouvir a mensagem de Jesus? O seu amigo? O seu inimigo? O cristão não pode escolher. Ele deve ir ao encontro de todos. Missão é sair e ir ao encontro do esquecido.

Convide os pecadores a virem comer na sua casa. Na mesa de Levi, juntamente com Jesus, estavam os pecadores – todos aqueles que foram discriminados pelo preconceito. Não tenhamos dúvida de que, onde existir preconceito, haverá pessoas jogadas no "lixo". As pessoas vivem no "lixo" porque há quem as expulse do seu meio, por não as considerarem "puras". No entanto, devemos desconfiar daqueles que se acham puros. Jesus não se envergonha e come com os doentes. Quem são os doentes? Todos nós somos doentes e precisamos do amor incondicional de Jesus. Missão é humanizar as relações humanas.

Na mesa de Levi, além dos discípulos de Jesus, existiam outros seguidores. Seguir Jesus é fascinante. Os gestos dele nos deixam extasiados. Ele tem o poder de aglomerar multidões a seu redor. Ficar ao lado de Jesus é confortador. O lugar de Jesus é o planeta Terra. Sendo seguidor dele, devemos sair para anunciar a salvação. A libertação dos que são jogados no "lixo". Salvar e ser salvo é uma graça. Na graça, somos fortalecidos para vencer todo tipo de obstáculo. Missão é atrair pessoas para a comunidade.

O mundo é habitado por seres humanos com virtudes e preconceitos. O amigo Marcos novamente disse: "Os escribas, que eram fariseus, vendo que ele comia com os pecadores e os publicanos, disseram aos discípulos de Jesus: 'Por que ele come com os publicanos e os pecadores?'" (Mc 2,16). Não pense que Jesus não estava prestando atenção. Ele está sempre atento, observando quem está a seu redor. Assim, o cristão deve ficar atento ao que está acontecendo na sua comunidade. Deve ficar alerta para as perguntas maliciosas. Algumas pessoas adoram fazer perguntas maldosas. Gente falsa é um perigo. Missão exige atenção e discernimento. Atenção!

Pode-se responder a perguntas maldosas com as seguintes palavras de Jesus: "Tendo ouvido, Jesus respondeu-lhes: 'Não são as pessoas com saúde que precisam de médico, mas as doentes. Não é a justos que vim chamar, mas a pecadores'" (Mc 2,17).

O primeiro doente a ser curado é cada um de nós. A pessoa curada saberá perdoar, humilhar-se, acolher, amar, orar e viver em comunidade. Não podemos sair de nossas casas para julgar os outros, mas para amá-los. O egoísmo é algo feroz. O "rei" geralmente está protegido. Ele manda matar sem piedade.

Tenha certeza de que Jesus não veio para chamar os santos. Ele quer resgatar e curar a vida de todos os pecadores. Numa guerra, quem mais morre são as pessoas sem defesa. Atualmente, segundo nossa hipócrita visão, os pecadores são as prostitutas, os drogados, os mendigos, os homossexuais, os negros, os pobres, os deficientes, os idosos, os ladrões, os presidiários... Somos peritos em julgar o outro.

A Igreja não precisa só acolher com palavras. A pessoa que sai em missão precisa libertar-se do preconceito e acolher. O preconceito é um perigo. Não se esqueça de que, por trás de um moralista, encontra-se "uma mina de sujeira". Quem sabe condenar o outro não pode ser chamado de cristão.

No final de uma missa, depois de me despedir das pessoas pegando na mão de cada uma, olhei para o interior da igreja e vi alguém chorando. Fui a seu encontro. Era um travesti que frequentava a casa de recuperação por fumar crack. Dizia: "A minha vida não tem sentido. Só convivo com perdas. Durante toda a minha vida só convivi com perdas". A história é longa. Ele perdera o pai e a mãe, quando criança, e fora criado por várias pessoas. Acolhi-o e o levei para a casa de recuperação. Missão é salvar o próximo.

O anúncio é para todos. Quando vou à casa de recuperação de dependentes olho para dentro de mim e digo: "Senhor Jesus, me cure dos meus preconceitos". Quero somente amar. Missão é ser curado do preconceito.

O missionário, quando for ao encontro dessas pessoas, deve pegar nas suas mãos ou abraçá-los. A vida deles é um inferno. O inferno é aqui neste mundo mesmo. Não acredito que um Pai bondoso como o nosso Deus queira que milhões de pessoas vivam jogadas nos lixões. Ele é amor. Ele é vida. Não creio que um Pai misericordioso queira a desgraça dos seus filhos. A Igreja deve ser um lugar de amor e não de julgamento. Já chega de julgar os outros. Precisamos ir ao encontro daqueles que são rejeitados. Missão é aceitar o ser humano incondicionalmente.

O preconceito não é algo que existe gratuitamente na cabeça do ser humano. A criança, quando pequena, recebe essas informações e vai assimilando e cresce com a mente "poluída" pela fala dos adultos. Não precisamos de julgadores, mas de pessoas que saibam amar e compreender o outro do jeito em que ele se encontra. O preconceito é uma praga que destrói o ser humano. O mundo já está repleto de julgadores. Missão é aceitar sem preconceito. Missão é amar. Ame, ame, ame e continue amando.

O missionário

A nossa missão é salvar os que estão doentes. O Senhor Jesus Cristo não veio para salvar os que estão com saúde, mas os doentes. Somos doentes envangelizando doentes. Um doente sabe entender o outro doente. O ser humano é um todo, corpo e mente. Não podemos nos esquecer do corpo e matar a alma. Deve haver um equilíbrio das energias para que o mundo seja salvo pelo amor. A partir de agora, devemos fazer com que todos os povos conheçam a mensagem do amor. O amor não escolhe pessoas, porque o amor é Deus.

A missão é para sempre. Não podemos concluir algo que não tem fim. Deus é eterno e é para a eternidade que caminhamos. A eternidade não inicia no céu, mas na terra, com os pés no chão. "Ide, pois, fazer discípulos entre todas as nações, e batizai-os em nome do Pai, do Filho e do Espírito Santo. Ensinai-lhes a observar tudo o que vos tenho ordenado. Eis que estou convosco todos os dias, até o fim dos tempos" (Mt 28,19-20).

Você perseverou e conseguiu realizar os sete passos, agora chegou o momento de colocar em prática o que viveu e aprendeu com seu irmão. Portanto, vá! Agora é o momento de iniciarmos uma nova caminhada. O cristão deve pisar firme e dar pequenos passos para não desanimar. Tudo deve ser feito com amor.

Não nos podemos descuidar, somos os primeiros a ser tentados a desistir de nossa caminhada. Não devemos começar o serviço missionário dando passos largos, mas como uma criança, que, para dar seus primeiros passos, precisa da ajuda do adulto, de ser segurada.

Quando sai de sua casa para o mundo, o ser humano deve abastecer-se da Palavra de Deus. A Bíblia é amor. A Bíblia é o próprio Deus falando. Amar a Bíblia é amar a missão. O cristão que se fortifica com a Palavra de Deus diariamente não desanimará. Ele perseverá. A pessoa que ora, entrega a sua vida por causa de Jesus. O alimento do cristão é a oração com base no livro da vida: a Bíblia.

Os passos de uma pessoa apressada e de uma paciente são os mesmos. A diferença é que, como diz o ditado, "o apressado come cru e quente." A paciência é um exercício diário. Missão é ser paciente.

Conclusão: a cura

O dia foi cansativo? Decanse nos braços de Deus. Alongue os braços. Movimente o corpo. Respire profundamente sete vezes. Encha o peito de ar pelo nariz e solte-o devagar pela boca, eliminando o que lhe faz mal. Sente. Se tiver um aparelho de som, coloque uma música instrumental. No silêncio do seu escritório, de seu quarto, no mosteiro, na floresta, na beira da praia, sentado numa praça, na beira de uma piscina, no congestionamento do trânsito, curta a vida. A música instrumental em baixo volume nos deixa leves.

O que nos deixa levitando é caminhar com os pés no chão. Não perca tempo. Inicie hoje a cura de sua alma. Ao pôr os pés no chão descarregamos todas as nossas energias. As energias não devem ser guardadas no interior do ser humano. O que é negativo deve ser jogado para fora.

A cura da alma depende das pessoas. Quando estão desesperadas, as pessoas tornam-se reféns delas mesmas. Comece o dia dizendo bom dia primeiramente para você.

No final do ano passado, alguém me perguntou: "O senhor não compra presentes?". Fiquei em silêncio, e a pessoa voltou a insistir. Respondi-lhe: "Eu sou o presente de Deus. Sei que é pretencioso falar assim, mas, por outro lado, esta afirmação é verdadeira: o primeiro presente é a nossa vida. A vida é o maior presente que Deus nos deu".

A cura da alma começa a partir da simplicidade. A pessoa humilde sabe valorizar a vida do outro. O outro é a pessoa importante. Convivo no meio de pessoas humildes e sei que o coração de cada uma delas é livre. A liberdade interior é magnífica. O que deixa a pessoa livre é saber que Deus é Pai bondoso. A bondade que sai do coração do ser humano é bela. A beleza se encontra em qualquer lugar do mundo.

Os sete passos são o resultado de uma longa caminhada. Tudo na vida depende de tempo. A cura não acontece de uma hora para outra.

Tenho certeza de que foram maravilhosas as sete semanas do curso. Com momentos de silêncio, de desabafo e de adoração. Os participantes devem ter saído com vontade de que o curso continuasse.

A vida é um eterno caminhar. Caminhamos nas estradas de Jesus. Observe que Jesus caminhava descalço na areia do mar da Galileia. Caminhe e viva feliz.

Quem fizer o curso irá ficar maravilhado com a experiência.

Rua Dona Inácia Uchoa, 62
04110-020 – São Paulo – SP (Brasil)
Tel.: (11) 2125-3500
http://www.paulinas.com.br – editora@paulinas.com.br
Telemarketing e SAC: 0800-7010081